স্যাম–এর প্রথম দিন

SAM'S FIRST DAY

by David Mills   illustrated by Lizzie Finlay

Bengali translation by Sujata Banerjee

mantra

স্যাম আজ প্রথম ইস্কুল যাবে।
যাবার সময় সে কিছুতেই চুপ করে থাকতে
পারছে না, শুধু কথা আর কথা।

When Sam was getting ready for his first
day at school, he did not stop talking.

সে তার বোন সীমার সাথে খুব কথা বলছে।

He talked and talked to his sister, Seema.

He talked and talked all his way to school.

সে ইস্কুল যাওয়ার পথেও সমানে শুধু কথা বলল।

ইস্কুলে পৌঁছে কিন্তু সে একেবারে চুপ।

But when he got there, he stopped talking.

"বাঃ! দারুন সুন্দর," লুসি বলল।
স্যাম কিন্তু কিছু বলল না। সে মন দিয়ে শুধু বানিয়ে গেল।

"Wow! That's good," said Lucy.
But Sam did not say anything. He just wanted to build.

"কি সুন্দর হাতের লেখা তোমার," চারলি বলল।
স্যাম কিন্তু কিছু বলল না।
সে মন দিয়ে শুধু লিখে গেল।

"Nice writing," said Charlie.
But Sam did not say anything.
He just wanted to write.

রুবি জিজ্ঞাসা করল, "তোমার কি
ওই বইটা খুব পছন্দ?"

স্যাম কিন্তু কিছু বলল না।

সে মন দিয়ে শুধু পড়ে গেল।

"Is that your favourite book?"
asked Ruby.
But Sam did not say anything.
He just wanted to read.

"তোমার পুতুল কি ঘুমোচ্ছে?" লুসি জিজ্ঞাসা করল।
স্যাম কিন্তু কিছু বলল না।
সে মন দিয়ে তাকে ঘুম পাড়াতে থাকল।

"Is it sleeping?" asked Lucy.
But Sam did not say anything.
He just wanted it to sleep.

"এই বা-বোল্স!" সকলে চিৎকার করে উঠল।

"Bubbles!"
shouted everyone.

But Sam did not say
anything.
He just wanted to pop them.

স্যাম কিন্তু কিছু বলল না।
সে শুধু ফাটাতেই থাকল।

"Catch! Catch!"
cried everyone.
But Sam did not say
anything.

"বল্ ধর! ক্যাচ্!" সকলে
হৈ হৈ করে উঠল।
স্যাম কিন্তু কিছু বলল না।

সে শুধু বড় বল্‌টা নিয়ে উপড়ে ছুঁড়ে ছুঁড়ে খেলতে থাকল।

He just wanted to throw the big ball UP UP UP!

"স্যাম, স্যাম!" বলে সকলে গান করতে লাগল।
স্যাম কিন্তু গান করল না।

"Sam, Sam!" everyone was singing.
But Sam did not want to sing.

সে মন দিয়ে যন্ত্রটা বাজাতেই
থাকল। শুধু থামবার সময় বন্ধ করল।

He just wanted to play and play
until it was time to stop.

"স্যাম কিছু কথা বলে না কেন?" রুবি জিজ্ঞাসা করল।
"বলবে, বলবে, ও একটু সময় নিচ্ছে," টিচার বললেন।
"Why doesn't Sam say anything?" asked Ruby.
"He will, he's just waiting," said the teacher.

"কেন?" লুসি জিজ্ঞাসা করল।
"কারণ সে চিন্তা করছে," টিচার বললেন।

"Why?" asked Lucy.
"Because he's thinking," said the teacher.

But just then...

কিন্তু ঠিক সেই সময়...

"সীমা !" স্যাম জোরে বলে উঠল।
সকলে ঘুরে দেখল।

"Seema!" cried Sam.
Everyone looked.

“বাই, স্যাম!”
সকলে বলল।

স্যাম কিন্তু চুপ্ . . .
তারপর . . .

“Bye Sam!”
everyone called

But Sam was
waiting...

"বাই! "
স্যাম বলল।

"Bye!" said Sam.

To mum and dad, for my first day.
D.M.

For Joanna, with love.
L.F.

This edition published 2004

First published 2000 by Mantra Publishing
5 Alexandra Grove
London N12 8NU
http://www.mantrapublishing.com

Printed in Italy